Jan Horak

Von der Fackel zur Titanic - Satirische Formen der Pressekritik im Vergleich

GRIN Verlag

Bibliografische Information der Deutschen Nationalbibliothek:

Die Deutsche Bibliothek verzeichnet diese Publikation in der Deutschen National-
bibliografie; detaillierte bibliografische Daten sind im Internet über http://dnb.d-
nb.de/ abrufbar.

Impressum:

Copyright © 2009 GRIN Verlag, Open Publishing GmbH
Druck und Bindung: Books on Demand GmbH, Norderstedt Germany
ISBN: 978-3-640-80373-6

Dieses Buch bei GRIN:

http://www.grin.com/de/e-book/164931/von-der-fackel-zur-titanic-satirische-formen-
der-pressekritik-im-vergleich

GRIN - Your knowledge has value

Der GRIN Verlag publiziert seit 1998 wissenschaftliche Arbeiten von Studenten, Hochschullehrern und anderen Akademikern als eBook und gedrucktes Buch. Die Verlagswebsite www.grin.com ist die ideale Plattform zur Veröffentlichung von Hausarbeiten, Abschlussarbeiten, wissenschaftlichen Aufsätzen, Dissertationen und Fachbüchern.

Besuchen Sie uns im Internet:

http://www.grin.com/

http://www.facebook.com/grincom

http://www.twitter.com/grin_com

Universität Hamburg
Institut für Medien und Kommunikation
Modul MuK V2
52-338 Sprachkritik und Massenmedien

Sommersemester 09

Von der FACKEL zur TITANIC
Satirische Formen der Pressekritik im Vergleich

Jan Horak

Fachsemester: 4. Semester BA
Medien- und Kommunikationswissenschaft (HF),
Deutsche Sprache und Literatur (NF)

Inhaltsverzeichnis

1.   Einführung

1.1   Sprachkritik als Pressekritik

Die Massenmedien – und stellvertretend für diese die Presse – werden oft als ‚vierte Gewalt im Staat' bezeichnet. Im Idealfall stellen sie eine zusätzliche unabhängige Kontrollinstanz für politische und gesellschaftliche Vorgänge dar. Dass dieses Rollenbild nicht immer der Realität entspricht, zeigt die nie enden wollende öffentliche Kritik an Arbeitsweise und Anspruch der Presse. So schreibt Johanna Bertsch treffend:

„Sich über die Presse zu beklagen, hat Tradition. Die Liste der Beschwerden ist lang, ihre Punkte sind vielfältig. Ein Aspekt, der immer wieder auftaucht, ist die Sprachkritik."[1]

Wie hier schon angedeutet, steht vor allem die Pressesprache immer wieder im Fokus der Kritik. Der Begriff ‚Sprachkritik' ist jedoch nicht immer trennscharf einzugrenzen, kann er doch je nach Verwendung und Zielsetzung des entsprechenden Kritikers entweder „Stilkritik oder Textkritik, Fremdwörterkritik oder Kritik an den prinzipiellen Möglichkeiten der Sprache" umfassen.[2] Eine sprachkritische Annäherung an Presseerzeugnisse kann aus wissenschaftlicher Perspektive entweder auf sprachpuristischer, sprachhistorischer oder linguistischer Ebene erfolgen. Sprachpuristen sehen es als ihre Aufgabe an, „der deutschen Sprache mehr Geltung zu verschaffen und sie von ‚überflüssigen' Fremdwörtern zu ‚reinigen'".[3] Sprachhistoriker betreiben hingegen die „wissenschaftliche Rekonstruktion und Analyse von früheren Sprachzuständen"[4], Ziel moderner Linguistik ist „die unparteiische Deskription des jeweiligen sprachlichen Zustands" ohne jegliche Wertung.[5] Um eine Zusammenfassung sprachkritischer Forschungen soll es hier jedoch nicht gehen, interessanter scheint eher eine Beschäftigung mit der Frage, wie innerhalb des ‚Systems Presse' von Publizisten und Redaktionen Sprachkritik an Kollegen und Konkurrenten geübt wird und welches Selbstverständnis der jeweils verantwortlichen Kritiker dem zugrunde liegt. Aufgrund des dargelegten Bedeutungspluralismus des Begriffs ‚Sprachkritik' und den daraus resultierenden vielfältigen Motivierungsmöglichkeiten dieser Form der Pressekritik

---

[1] Bertsch, Johanna (2000): Wider die Journaille. Aspekte der Verbindung von Sprach- und Pressekritik in der deutschsprachigen Literatur seit Mitte des 19. Jahrhunderts. Frankfurt am Main: Europäischer Verlag der Wissenschaften, S. 9.
[2] Ebd., S. 17.
[3] Ebd., S. 17.
[4] Ebd., S. 19.
[5] Ebd., S. 20.

würde eine umfassende Analyse der auf sprachlicher Ebene geübten Kritik an und in deutschen Presseerzeugnissen den Rahmen dieser Arbeit sprengen. Im Folgenden soll deshalb vielmehr anhand zweier bekannter und bedeutender satirischer Zeitschriften eine Auseinandersetzung mit verschiedenen Formen der Sprach- bzw. Pressekritik erfolgen. So soll zunächst eine Analyse der pressekritischen Beiträge in der vom Sprachkritiker Karl Kraus herausgegebenen Zeitschrift DIE FACKEL und dem Satiremagazin TITANIC vorgenommen werden und anschließend in einem Vergleich Gemeinsamkeiten und Unterschiede bezüglich Selbstverständnis und Darstellungsweise der Pressekritik aufgezeigt werden.

1.2   Macht und Ohnmacht der Satire

Satirische Formen der Pressekritik lassen nicht immer sofort die dahinter stehende Motivation erkennen. ‚Satire' meint in der Regel die ironisch übertriebene bzw. verzerrte Darstellung der Realität in Bild oder Schrift, um auf diese Weise auf das Fehlverhalten von Personen oder gesellschaftliche Missstände hinzuweisen. Sie „wird dabei meist als tiefsinnige, politische, kritische und daher besonders wertvolle Form des Komischen dargestellt".[6]

Satirische Pressekritik muss sich allerdings immer fragen lassen, welchen Zweck sie verfolgt. Auf der einen Seite existiert die idealistisch motivierte Satire, welche die Reflektion und Veränderung ihrer jeweiligen Realitätsreferenz zum Ziel hat. Eine der positiven Veränderung der jeweils kritisierten Umstände zuträgliche Satire beraubt sich, sollte sie Erfolg haben, selbst ihres Gegenstands; sie wird überflüssig. Ihr gegenüber steht die meist polemisch und negativistisch zur Schau gestellte, lediglich dem Selbstzweck dienende Spottsatire, die kein Interesse an Veränderungen hat – gerade der Status Quo ist es schließlich, der ihr Vorlagen liefert. Die Möglichkeit, durch satirische Verzerrung die öffentliche Meinung beeinflussen zu können, zeugt von nicht zu unterschätzender Macht. Jedoch darf hierbei nicht außer acht gelassen werden, dass eben jene ‚Macht des Lächerlichmachens' immer auch ein Zeichen von Ohnmacht ist, die bestehenden Verhältnisse durch Teilhabe und Eigenleistung zu verändern. Erfolgt eine zu scharfe Distanzierung von den Schaffensprozessen, die kritisiert werden, wird riskiert, sich auf diese Weise als fachkundiges Organ der Kritik selbst zu disqualifizieren. Für alle Formen der Satire gilt andererseits: Treffen sie den Zeitgeist

---

[6] Klaus Cäsar Zehrer: Dialektik der Satire. Zur Komik von Robert Gernhardt und der „Neuen Frankfurter Schule", S. 3.

und überzeugen zudem durch Witz und Frechheit, stellt sich Erfolg in Form von Aufmerksamkeit, wachsenden künstlerischen Freiräumen und damit verbundenem steigendem gesellschaftlichen Einfluss ein. Beide Analysebeispiele, sowohl FACKEL als auch TITANIC, haben es geschafft, sich trotz ihrer nicht immer meinungskonformen Positionierung und nicht selten polemischen Kritik über Jahrzehnte auf dem Zeitschriftenmarkt zu behaupten und so zu Institutionen des öffentlichen Diskurses über die Presse und ihre Rolle in der Gesellschaft zu werden.

2.   Die FACKEL

2.1   Daten und Fakten

Bei der FACKEL handelt es sich um eine vom österreichischen Schriftsteller und Sprachkritiker Karl Kraus herausgegebene satirische Zeitschrift. Kraus gilt als einer der einflussreichsten Autoren des frühen zwanzigsten Jahrhunderts und prägte nachhaltig den Diskurs über die Rolle der Presse und die von ihr verwendete Sprache. DIE FACKEL erschien von April 1899 bis Februar 1936 in loser Folge und ist eng verbunden mit Leben und Werk ihres Autors und Herausgebers Kraus.[7]

Karl Kraus wurde am 28. April 1874 als Sohn eines jüdischen Papierfabrikanten in Jitschin in Böhmen geboren, siedelte jedoch 1877 mit seiner Familie nach Wien um. Nach ersten Veröffentlichungen in verschiedenen Zeitungen und Zeitschriften wurde er 1898 fester Mitarbeiter der Zeitschrift DIE WAGE und brach daraufhin sein Studium der Rechtswissenschaft, Philosophie und Germanistik ab. Ab 1899 konzentrierte sich Kraus fast ausschließlich auf die Produktion seiner eigenen Zeitschrift DIE FACKEL. Diese erschien im Eigenverlag in Wien und beinhaltete sprach- und gesellschaftskritische Beiträge von Kraus und zahlreichen weiteren Autoren. Von der Erstausgabe vom ersten April 1899 wurden innerhalb von zwei Wochen ca. 30.000 Exemplare verkauft. Die folgenden Ausgaben besaßen jeweils einen Umfang von ca. 24 bis 32 Seiten und erschienen in loser Folge etwa dreimal pro Monat.[8] Gegen Ende des Jahres 1911 beendete Kraus die Kooperation mit den anderen FACKEL-Autoren und wurde alleiniger Produzent und Herausgeber. Karl Kraus nutzte die FACKEL zur Veröffentlichung annähernd aller seiner Aufsätze, Theaterstücke, Gedichte und Kritiken. Insgesamt umfassen die bis zu Kraus' Tod im Juni 1936 erschienenen 922 Ausgaben der FACKEL über 20.000 Seiten Text.

Zahlreiche Beiträge aus der FACKEL und einige Niederschriften seiner insgesamt genau 700 gehaltenen Vorlesungen veröffentlichte Kraus zusätzlich in Buchform. Dies betrifft unter anderem seine Aufsätze zur ‚Sprachlehre', die 1937 posthum in dem Sammelband ‚Die Sprache' zusammengefasst und publiziert wurden und die Basis für die in dieser Arbeit vorgenommene Analyse bilden.

---

[7] Vgl. Böhm, Hermann; Lunzer, Heinz (2006): Karl Kraus: Ein Leben. In: Lunzer, Heinz; Lunzer-Talos, Victoria; Patka, Marcus G. (Hrsg.): Was wir umbringen. Die Fackel von Karl Kraus. Wien: Mandelbaum Verlag, S. 32.
[8] Böhm; Lunzer (2006): Karl Kraus. Ein Leben, S. 43.

2.2 Motivation und Feindbilder

Karl Kraus ist bekannt als akribischer Sprachbeobachter und -kritiker, der sich sein Leben lang immer wieder tadelnd und oftmals polemisch beschimpfend öffentlich zu Wort meldete und zu diesem Zweck DIE FACKEL als Sprachrohr nutzte. Zum Verständnis der Motivation hinter diesem fast schon militant anmutenden Hang zum Verriss trägt eine nähere Auseinandersetzung mit der puristischen Sprachauffassung Kraus' bei.

Kraus' Ansicht nach stellt die Sprache die höchste irdische Ordnungsmacht dar. Sie ist ein Spiegel der Gesellschaft und somit gleichwohl ein Schlüssel zur Erkenntnis des Guten und des Bösen. Daraus folgt, dass falscher Sprachgebrauch sowohl Symptom als auch Auslöser gesellschaftlicher Missstände ist und unbedingt bekämpft werden muss, was Kraus auch konsequent tut – abseits konkreter politischer Interessen:

„Meinungen, Richtungen, Weltanschauungen – es kommt doch zuerst und zuletzt auf nichts anderes an als auf den Satz."[9]

Im Zentrum der Sprachkritik standen die zeitgenössische Massenpresse und ihre Erzeugnisse. Kraus sah in der kommerziell ausgerichteten Presse, die die Sprache als Mittel zur Informationsvermittlung und nicht als Zweck ihres Schaffens betrachtete, das größtmögliche Übel und kommunizierte dies auch recht drastisch. So beschimpfte er Journalisten u.a. als „Tintenstrolche", „Pressmaffia [sic!]" oder „Fanghunde der öffentlichen Meinung".[10] Bedingt durch „seinen extremen Haß [sic!] auf die (nicht nur sprachlichen) Zustände in der modernen Presse [...] ist Kraus' Pressekritik an Härte und Kompromißlosigkeit [sic!] kaum zu überbieten".[11] Bevorzugtes Ziel seiner Kritik war die ‚Neue Freie Presse', eine auf das Revolutionsjahr 1848 zurückgehende liberale Wiener Tageszeitung. Des weiteren „werden von Kraus vor allem das ‚Neue Wiener Tagblatt' und das ‚Neue Wiener Journal' angegriffen, ohne daß [sic!] sich die Kritik wesentlich [...] unterschiede [...]."[12] Die Bedeutung, die Kraus dem Kampf gegen die „Journaille"[13] beimaß, wird anhand des folgenden Zitats deutlich:

[9] Zitiert nach: Zohn, Harry (1990): Karl Kraus. Frankfurt am Main: Verlag Anton Hain, S. 73.
[10] Weigel, Hans (1968): Karl Kraus oder Die Macht der Ohnmacht. Wien/Frankfurt/Zürich: Verlag Fritz Molden. S. 125.
[11] Lensing, Leo A.; Lunzer, Heinz; Scheichl, Sigurd Paul (2006): Die Fackel, ein Anti-Medium. In: Lunzer, Heinz; Lunzer-Talos, Victoria; Patka, Marcus G. (Hrsg.): Was wir umbringen. Die Fackel von Karl Kraus. Wien: Mandelbaum Verlag, S. 110.
[12] Ebd.
[13] Weigel: Karl Kraus oder Die Macht der Ohnmacht, S. 125.

„Man könnte aber einmal dahinter kommen, welch kleine Angelegenheit so ein Weltkrieg war neben der geistigen Selbstverstümmelung der Menschheit durch ihre Presse."[14]

Kraus machte unter anderem durch die gezielte Lancierung von Falschmeldungen die profitorientierte Oberflächlichkeit der Presse sichtbar und deckte einen Zusammenhang zwischen Geldzuwendungen großer Wirtschaftsunternehmen an Zeitungen und dem gleichzeitigen Ausbleiben von kritischen Berichten auf. Sprachliche Verfehlungen in Zeitungen und Zeitschriften verarbeitete er in zahlreichen in der FACKEL erschienenen parodistischen Aufsätzen und in den Beiträgen zur ‚Sprachlehre'. Vermutlich ist „keine einzige größere Zeitung Österreich-Ungarns und des Deutschen Reiches in der ‚Fackel' unerwähnt geblieben".[15] Trotz seiner überwiegend unpolitischen Einstellung nutzte Kraus in den Weltkriegsjahren die FACKEL zudem dazu, auf sprachlicher Ebene Kritik an der Obrigkeit und ihrer rücksichtslosen Rüstungspolitik zu üben.

Neben der Presse beschäftigte Kraus sich kritisch mit dem Werk einiger Literaten, Dichter und Dramatiker seiner Zeit. Die ebenfalls in der FACKEL publizierten ‚Erledigungen' stellten oftmals gnadenlose Verrisse seiner erklärten Gegner da und führten nicht selten zu Gerichtsprozessen.[16] Auf diese persönlichen Feindschaften Kraus' soll jedoch – sofern es sich nicht um Motive seiner satirischen Sprachkritik handelt – aufgrund des eng bemessenen Rahmens dieser Arbeit nicht weiter eingegangen werden.

2.3 Karl Kraus' Sprachlehre – Pressekritik in der FACKEL

In den bereits erwähnten ‚Aufsätzen zur Sprachlehre' übte Karl Kraus massive Kritik am Sprachgebrauch seiner Zeitgenossen und vor allem an dem der Massenpresse. Zu diesem Zweck griff er einzelne Negativbeispiele heraus und analysierte sie aus der überlegenen Position eines scheinbar unbeteiligten und unparteiischen Sprachbeobachters. Kraus bediente sich dabei meist einer satirischen – und trotz aller Aggressivität stets humorvoll-ironischen – Form der Belehrung. Anhand der folgenden Beispiele wird deutlich, wie penibel Kraus auf sprachliche Feinheiten achtete.

---

[14] Zitiert nach: Quack, Josef (1976): Bemerkungen zum Sprachverständnis von Karl Kraus. Bonn: Bouvier Verlag, S. 83.
[15] Lensing; Lunzer; Scheichl (2006): Die Fackel, ein Anti-Medium, S. 109.
[16] Vgl. Scheichl, Sigurd Paul (2006): Objekte von Polemik und Satire. In: Lunzer, Heinz; Lunzer-Talos, Victoria; Patka, Marcus G. (Hrsg.): Was wir umbringen. Die Fackel von Karl Kraus. Wien: Mandelbaum Verlag, S. 142ff.

Zunächst fällt auf, dass sich Kraus im Gegensatz zu anderen Sprachkritikern seiner Zeit nicht gegen den Gebrauch von Fremdwörtern aussprach. Er machte sich häufig „über die Versuche u.a. der Presse lustig, Fremdwörter einzudeutschen"[17], da diese ‚Eindeutschungen' der ursprünglichen Bedeutung der Begriffe oftmals nicht gerecht werden könnten. Beispielsweise erregte er sich über die Ersetzung des gebräuchlichen, ursprünglich französischstämmigen Terminus ‚Adresse' durch die deutsche Bezeichnung ‚Anschrift'.[18] Kraus argumentiert: Bei der ‚Anschrift' handele es sich um die Beschriftung einer Postsendung mit Namen und Wohnsitz des Empfängers. Diese befinde sich *auf* dem Briefumschlag, also müsse es eigentlich ‚Aufschrift' heißen. Da eine Postsendung jedoch immer *an* jemanden gerichtet sei, werde ‚Aufschrift' zu ‚Anschrift' modifiziert, um eine Richtungsbedeutung hinzuzufügen. Diese Änderung hebe ‚Anschrift' in die gleiche Wortkategorie wie z.B. ‚Ansprache'. Charakteristisch für die ‚Ansprache' – bzw. den Präfix ‚An-' – sei, dass sie an jemanden gerichtet wird. Bei der lediglich ein Textfeld auf dem Briefumschlag bezeichnenden ‚Anschrift' sei dies jedoch nicht der Fall; ‚Anschrift' sei folglich keine adäquate Übersetzung für ‚Adresse'. Kraus plädiert deshalb für eine Beibehaltung des gebräuchlichen französischen Begriffs.

In einem FACKEL-Beitrag, den Karl Kraus an die Zeitung ‚Der Abend' richtete und in dem er dieser fehlerhaften Konjunktivgebrauch nachweisen wollte, greift Kraus eben diese Eindeutsch-Kritik wieder auf und nutzt sie für eine ironisch-abwertende Charakterisierung des Blattes:

„Der ‚Abend', der außer dem Namen seines Herausgebers kein Fremdwort in seinen Spalten duldet, der sich grundsätzlich nicht an die Adresse, sondern an die Anschrift der Proletarier wendet und dessen Sätze zu neunzig vom Hundert nicht deutsch sind, stellte kurz und bündig fest:
Das Berliner Gesundheitsamt *meldet*, die Krankenhäuser *wären* überfüllt."[19]

Im Folgenden schreibt Kraus, der vom ‚Abend' verwendete Konjunktiv II impliziere eine Lüge des indirekt zitierten Berliner Gesundheitsamts und sei deshalb hier falsch. Dies ist zweifellos richtig. Interessant ist jedoch vielmehr, wie Kraus sich scheinbar beiläufig in einem Nebensatz auf seine früheren Ausführungen zur ‚Eindeutschung' bezieht und diese zur abwertenden Beschreibung des ‚Abends' nutzt. Hier wird

---

[17] Bertsch (2000): Wider die Journaille, S. 89.
[18] Vgl. Kraus, Karl: An die Anschrift der Sprachreiniger. In: Kraus, Karl (1937/1962): Die Sprache, S. 16ff.
[19] Kraus, Karl: Sprachlehre. In: Kraus, Karl (1937/1962): Die Sprache, S. 126f.

deutlich, dass Kraus sich selbst offenbar als sprachrichterliche Instanz betrachtet, deren Ansichten und Ansprüche allgemeine Gültigkeit haben.

Zahlreiche Fackel-Aufsätze beschäftigen sich mit verschiedenen sprachlichen Missgriffen der Presse, ohne dass Kraus konkrete Namen von Journalisten oder Zeitungen nennt. Unter anderem erklärt Kraus im Beitrag ‚Der Rückwärtige' anhand des Beispielsatzes „Die Wachleute mußten [sic!] sich an den Händen nehmen, um, eingekeilt in die vorne und rückwärts andrängende Menge - -" kleinteilig den Unterschied zwischen vorwärts, rückwärts, vorne und hinten.[20] Während ‚vorne' und ‚hinten' Ortsangaben seien, beschrieben ‚vorwärts' und ‚rückwärts' Bewegungsrichtungen. Wenn eine Menge ‚vorne' und ‚rückwärts' drängt, so bewegen sich folglich alle Beteiligten in ein und dieselbe Richtung und niemand wird eingekeilt. Kraus kommt hämisch zu folgendem Schluss:

„[D]er Österreicher fühlt sich beim Wort ‚hinten' so sehr ertappt, daß [sic!] er die größten sprachlogischen Opfer bringt, um es zu vermeiden. […] Alles das, weil er sich bei jeder nur möglichen Gelegenheit an den Rückwärtigen erinnert fühlt".[21]

Schließlich übt Kraus harsche Kritik an anderen Sprachlehren. So setzt er sich beispielsweise in dem Fackel-Beitrag ‚Die Neue Freie Presse erteilt Sprachlehre' mit einer Rubrik der ‚Neuen Freien Presse' auseinander, in welcher die Redaktion jeweils mehrere Quizfragen zu grammatischen Problemfeldern stellte.

„Es war nicht notwendig, daß [sic!] der deutschen Sprache zu dem Schaden, den sie durch die Journalistik erleidet, noch deren Spott zugefügt wird. So unwahrscheinlich es ist, es hat sich begeben: die Neue Freie Presse erteilt Sprachlehre!"[22]

Kraus spricht hier der ‚Neuen Freien Presse' komplett das Recht und die Fähigkeit ab, Sprachunterricht zu erteilen. Mehr noch – die Sprachlehre des Blattes sei eine Verspottung der deutschen Sprache, die unter der Presse schon genug gelitten habe und nun für – aus Sicht von Kraus – unhaltbare, falsche und zu allem Überfluss von kommerziellen Interessen geleitete Belehrungen missbraucht werde. Auch über den

---

[20] Vgl. Kraus, Karl: Der Rückwärtige. In: Kraus, Karl (1937/1962): Die Sprache, S. 28.
[21] Kraus, Karl: Der Rückwärtige. In: Kraus, Karl (1937/1962): Die Sprache, S. 28.
[22] Kraus, Karl: Die Neue Freie Presse erteilt Sprachlehre. In: Kraus, Karl (1937/1962): Die Sprache, S. 236.

Linguisten Gustav Moritz Wustmann, mit dem die ,Neue Freie Presse' bei ihrem Sprachquiz kooperierte, äußerte Kraus sich abfällig. Wustmann, der „mit Recht so heißt", sei „[e]in schrulliger Lehrmeister" und „im Gestrüpp der Konjuktivbegriffe [...] verloren". [23] Kraus analysierte zahlreiche Sprachquizfragen und -antworten, zeigte Fehler auf und ließ dabei keine Gelegenheit aus, sich über Wustmann und die ,Neue Freie Presse' lustig zu machen. Möglicherweise sah Kraus in den Bemühungen der ,Neuen Freien Presse' eine Konkurrenz zu seiner Sprachlehre – wenn auch eine aus seiner Sicht minderwertige.

Nichts zu befürchten hatte Kraus dagegen von dem Satiremagazin TITANIC – die Zeitschrift, welche sich ebenfalls zu einem wichtigen Organ der Pressekritik entwickelte, erschien schließlich erst mehrere Jahrzehnte später. Dass es trotzdem einige markante Gemeinsamkeiten zwischen FACKEL und TITANIC gibt, zeigt die folgende Betrachtung.

---

[23] Kraus: Die Neue Freie Presse erteilt Sprachlehre. In: Kraus (1937/1962): Die Sprache, S. 238f.

3.   Titanic – Das endgültige Satiremagazin

3.1   Daten und Fakten

Das Satiremagazin Titanic wurde im Jahr 1979 von fünf Vertretern der ‚Neuen Frankfurter Schule' in Frankfurt am Main gegründet. Die Gruppe der ‚Neuen Frankfurter Schule' bestand insgesamt aus acht Literaten, Zeichnern und Dichtern, die „allesamt für die Satirezeitschrift ‚pardon' arbeiteten und 1979 maßgeblich an der Gründung des Konkurrenz- bzw. Nachfolgeblattes ‚Titanic' beteiligt waren".[24] Dazu zählten bekannte Satiriker wie Robert Gernhardt, Friedrich Karl Wächter, Peter Knorr, Hans Traxler und Chlodwig Poth.[25] Nach Klaus Cäsar Zehrer „können zur ‚Neuen Frankfurter Schule' alle Autoren gerechnet werden, die längere Zeit für ‚Titanic' gearbeitet haben".[26] Ursprünglich sollte der Titel des neuen Magazins Die Sonne lauten, da dieser Titel jedoch bereits rechtlich geschützt war, entschied man sich „[s]elbstironisch und mit sicherem Blick für das verlegerische Risiko" für Titanic.[27] Die Titanic erscheint seit ihrer Erstausgabe vom November 1979 monatlich, verfügt aktuell über eine Druckauflage von 100.000 Exemplaren und wird von ca. 20.000 Lesern im Abonnement bezogen.[28] Momentan wird die Redaktion von Leo Fischer geführt, Sitz der für die Publikation zuständigen TITANIC-Verlag GmbH & Co. KG ist Berlin.[29] Über die begleitende Internetpräsenz der Titanic werden sowohl ein Großteil des Magazininhalts als auch zusätzliche Artikel und Karikaturen veröffentlicht sowie ein Onlineshop betrieben, in dem alte Original-Ausgaben, Poster und andere Titanic-Fan-Artikel käuflich erworben werden können.

Im Laufe ihres Bestehens mussten sich die Verlagsverantwortlichen insgesamt 55 Gerichtsverfahren stellen und „unzählbare[r] einstweilige[r] Verfügungen und Unterlassungserklärungen" unterzeichnen.[30] In der Folge wurden 35 Ausgaben nach Erscheinen wieder vom Markt genommen.

---

[24] Zehrer: Dialektik der Satire, S. 6.
[25] Vgl. Stern.de: Die Witz-Zentrale.
[26] Ebd.
[27] Czuga, Lucien: Satire auf dem richtigen Dampfer.
[28] Vgl. Mediadaten-online.com: Titanic.
[29] Vgl. Titanic-magazin.de: Impressum.
[30] Stern.de: Die Witz-Zentrale.

3.2   Motivation und Feindbilder

Erklärtes Ziel der TITANIC ist es, durch geschmacklose Witze und spektakuläre Aktionen Kritik am Zeitgeist zu üben und der Gesellschaft einen Spiegel vorzuhalten. Martin Sonneborn, ehemaliger Chefredakteur des Magazins, beschreibt es so:

"Es gibt verschiedene Möglichkeiten, auf den Irrsinn des immer irrsinniger werdenden Kapitalismus zu reagieren. Man kann Alkoholiker werden. Man kann in den bewaffneten Widerstand gehen. Man kann in die Politik gehen. Oder man kann sich satirisch mit den Dingen auseinandersetzen. Das machen wir bei 'Titanic'."[31]

Diese Äußerung lässt eine fatalistische Weltanschauung erkennen und ist programmatisch für das Schaffen der TITANIC-Verantwortlichen. Satire wird hier um der Satire willen betrieben und als Instrument einer humoristischen Auseinandersetzung mit der Realität verstanden. Die TITANIC steht dabei weder für eine politische Richtung noch eine bestimmte Ideologie.

Im Fokus stehen früher wie heute prominente Persönlichkeiten; „beliebte Zielscheiben des ‚Titanic'-Humors waren von Anfang an Politiker aller Couleur" sowie Kirchenvertreter und andere Personen von öffentlichem Interesse.[32] Die Reaktionen waren gespalten. Während einige Prominente und vor allem die Kirche TITANIC mit Klagen überhäuften, nahm Altkanzler Helmut Kohl die humoristischen Angriffe trotz seiner Dauerpräsenz auf den Titelseiten des Magazins gelassen:

"Wir wollten von Anfang an einen eigenen Mann in Bonn, den wir benutzen konnten. Wir haben also Helmut Kohl dort installiert, 1983 an die Macht gebracht. Er hat sehr produktiv mit uns zusammengearbeitet. Er war auf mehr als 80 Titelblättern. Es hat sich herausgestellt, dass Kohl einfach immer komisch ist."[33]

Neben Artikeln, die sich mit aktuellen Geschehnissen in Politik und Gesellschaft beschäftigen, findet sich regelmäßig eine große Anzahl redaktioneller Beiträge, die sich kritisch mit sprachlich fehlerhafter oder inhaltlich nachlässiger Berichterstattung der Massenmedien auseinandersetzen. TITANIC nimmt so die Rolle eines Wächters über journalistische Standards ein, der durch satirische Verzerrung Verstöße gegen diese

---

[31] Zitiert nach: DasErste.de: 30 Jahre ‚Titanic'.
[32] Czuga: Satire auf dem richtigen Dampfer.
[33] Titanic-Redakteur Oliver Maria Schmitt. Zitiert nach: DasErste.de: 30 Jahre ‚Titanic'.

Standards aufzudecken versucht. Besonders deutlich wird dies anhand der im Folgenden untersuchten Rubrik ‚Briefe an die Leser'.

3.3 Briefe an die Leser – Pressekritik in der TITANIC

Hauptgegenstand der in dieser Arbeit vorgenommenen Auseinandersetzung mit der in der TITANIC geübten Pressekritik sind die ‚Briefe an die Leser'. Dabei handelt es sich um eine Rubrik, die bereits seit der Gründung 1979 ein fester Bestandteil des Magazins ist. Die Redaktion nutzt diese an herkömmliche Leserbriefsektionen erinnernden Seiten, um hämische Bemerkungen an Prominente zu richten sowie Kritik an den Massenmedien zu üben. Hanns Braun definiert ‚Leserbrief' wie folgt:

„[Ein] Leserbeitrag zu etwas von der Zeitung Erörtertem, und zwar […] in Form einer Bestätigung und Bekräftigung oder aber eines Widerspruchs zu der von dem Blatt vertretenen Meinung, oder einer informativen Erweiterung bzw. Korrektur des Ausgesagten."[34]

Peter Stromberger ergänzt dieses Konzept und schreibt:

„Unter einem Leserbrief versteht man normalerweise einen Text, in dem sich der Leser mit einem Sachverhalt außerhalb seiner persönlichen Sphäre befasst. […] In jedem Fall will der Leser eigene Erfahrungen oder Informationen beisteuern, Korrekturen bewirken oder durch Kritik Einfluß [sic!] nehmen […]."[35]

TITANIC kehrt dieses Prinzip um. Die Redaktion verzichtet auf eine Rubrik für Lesereinsendungen und richtet im Gegenzug entsprechende ‚Briefe an die Leser'. Die Ähnlichkeit zu den Leserbriefseiten anderer ‚seriöser' Magazine ist gewollt und betont die kommunikative Funktion dieser Rubrik So entsteht zwar kein Dialog zwischen Redaktion und Adressaten, es wird jedoch von der TITANIC ein einseitiger Kommunikationskanal eröffnet und zur ‚Ansprache' an die jeweils herausgegriffenen Presseorgane bzw. ihre Vertreter genutzt.

Die Briefe unterscheiden sich sowohl in der Textlänge als auch in der Qualität der geübten Kritik. Auf der einen Seite finden sich Beiträge, in denen Kritik am

---

[34] Braun, Hanns (1960): Der Leserbrief im Lichte der zeitungswissenschaftlichen Theorie. In: Publizistik Nr. 5, S. 335. Zitiert nach: Heupel, Julia (2007): Der Leserbrief in der deutschen Presse. München: Verlag Reinhard Fischer, S. 19.
[35] Stromberger, Peter (1976): Leserbriefe als Feedback? In: Rundfunk und Fernsehen, S. 388. Zitiert nach: Heupel (2007): Der Leserbrief in der deutschen Presse, S. 20.

sprachlichen Ausdrucksvermögen bestimmter Redakteure oder Redaktionen geübt wird. Ein Beispiel für diese Form der Kritik findet sich in einem an den sueddeutsche.de-Sportredakteur Gerald Kleffmann gerichteten Brief aus der TITANIC-Ausgabe vom August 2009.[36] TITANIC verweist zunächst auf bereits bekannte Fehlformulierungen von Sportjournalisten und merkt an, man habe sich bereits daran gewöhnt, „daß [sic!] Torhüter unhaltbare Bälle halten [und] Stürmer hundertprozentige Chancen vergeigen". Kleffmann setze dem aber die Krone auf, indem er schreibt, „daß die Mannschaft von Manchester City im Testspiel gegen 1860 München ‚ohne 15 Stammkräfte' angetreten sein soll". Dem verantwortlichen sueddeutsche.de-Redakteur wird hier unterstellt, entweder bewusst inkorrekte und logisch unmögliche Sachverhalte zu beschreiben, oder aber unfähig zu sein, sich adäquat und verständlich auszudrücken.

Eine andere Form der Kritik stellt die Auseinandersetzung mit fehlerhafter Recherche und oberflächlicher Berichterstattung dar. So bezieht sich TITANIC in der Ausgabe vom Juli 2009 auf einen Artikel im Wirtschaftsteil der ‚BILD am Sonntag', in dem die Redaktion der Frage nachging, warum Karstadt finanzielle Einbrüche zu verzeichnen hat, Kaufhof hingegen nicht.[37] Im von TITANIC zitierten ‚BILD'-Artikel heißt es als Antwort auf die eingangs gestellte Frage, „Kaufhof steigerte seine Gewinne von Jahr zu Jahr, Karstadt machte immer größere Verluste". TITANIC bezeichnet dies hämisch als „fürwahr nicht völlig von der Hand zu weisende Hypothese" macht so die oberflächliche und im Endeffekt nichtssagende Argumentationslogik der Redaktionsverantwortlichen sichtbar. Ein ebenfalls an die ‚BILD'-Zeitung gerichteter ‚Brief an die Leser' aus der Juni-Ausgabe 2009 beschäftigt sich mit einem ‚BILD'-Artikel zum Gerichtsprozess gegen die ‚Sauerland-Gruppe' genannte islamistische Terrorgruppe, in welchem die ‚BILD'-Redaktion die Frage beantworten wollte, wie „aus deutschen Jungs Islam-Terroristen" wurden.[38] ‚BILD' veröffentlichte zu diesem Zweck stichwortartig die Lebensläufe zweier Hauptverdächtiger und erweckte so den Anschein, als sei die Antwort auf die Leitfrage des Artikels in dieser Zusammenstellung zu finden. Jedoch stelle laut ‚BILD', so TITANIC, das Ausüben einer sportlichen Betätigung die einzige Gemeinsamkeit der beiden Verdächtigen dar. Die logische Konsequenz der ‚BILD'-Argumentation laute folglich, dass „die Konversion vom guten deutschen Jungen zum Islam-Terroristen irgendwas mit Sport zu tun" habe. Das sei „nicht eigentlich das, was man nach der Schlagzeile erwartet hätte". Interessant ist der

---

[36] Vgl. Anhang: *Gerald Kleffmann (sueddeutsche.de)!*
[37] Vgl. Anhang: *„Bild am Sonntag"!*
[38] Vgl. Anhang: *„Bild", alte Aufklärerin!*

abschließende Verweis auf zahlreiche weitere Printmedien – namentlich „Spiegel, Zeit, FAZ und Stern" – die laut TITANIC „auf hundert Seiten [...] genauso viele plausible Erklärungen" wie die ‚BILD'-Zeitung „in wenigen Zeilen" lieferten – nämlich gar keine.

Auch Fehler in der Argumentationslogik verschiedenster journalistischer Textformen geraten immer wieder ins Visier des Satiremagazins. In der Mai-Ausgabe 2009 greift Titanic die ‚BILD'-Zeitung wegen des Artikels „Freiwilliger Dienst: Lohnt sich ein Ehrenamt für die Karriere?" erneut scharf an.[39] Denn im Artikeltext vertritt das Boulevardblatt plötzlich eine zur Schlagzeile vollkommen gegensätzliche Position und erklärt: „Eine ehrenamtliche Tätigkeit zeigt, daß [sic!] Sie nicht nur an sich selbst oder ans Geld denken". Titanic karikiert diesen Widerspruch in der Argumentation durch die Forderung weiterer Ratgeber „zu Themen wie ‚Spenden aus Barmherzigkeit: Welche sind steuerlich abzugsfähig?' oder ‚Helfen Sie einem Pflegekind: Welche niederen Hausarbeiten erlaubt sind'".

Und schließlich finden sich zahlreiche polemische Angriffe ohne nähere Begründung. Ihnen geht zwar stets ein ‚Auslöser' voraus, dieser dient der TITANIC in der Regel jedoch lediglich als Vorwand für ironische und sarkastisch-abwertende Bemerkungen über die Presse allgemein oder die jeweils beteiligten Journalisten im Speziellen. Ein Beispiel hierfür ist ein Beitrag aus der Ausgabe vom März 2009.[40] TITANIC nimmt die Schlagzeile „Vorteil: Unsterblich – Nachteil: Qualle" der ‚Berliner Zeitung' zum Vorwand, sich betont abfällig über die ‚B.Z.' zu äußern. Die ‚B.Z.' berichtete im Vorfeld, es sei eine unsterbliche Quallenart entdeckt worden. Die TITANIC merkt dazu an, „[d]aß, freilich, nun vor allem die unbedeutenden und schmierigen Erscheinungen dieser Welt zur Unsterblichkeit tendieren", dürfe die ‚Berliner Zeitung' „als Deutschlands älteste Boulevardzeitung nicht überraschen". In der April-Ausgabe 2009 geriet auch der ‚Stern' in die Schusslinie des Magazins.[41] Dieser hatte einer „ausdrucksstark bebilderten" Reportage über deutsche Bordelle unmittelbar einen Beitrag „über die Tücken des neuen Unterhaltsrechts" folgen lassen und musste sich im Folgenden von der TITANIC fragen lassen, ob die beiden Artikel von „Redakteure[n] aus Erfahrung" geschrieben worden seien.

---

[39] Vgl. Anhang: *Und noch mal, „Bild"!*
[40] Vgl. Anhang: *Glückwunsch auch, „B.Z."*
[41] Vgl. Anhang: *Geschätzter „Stern", (mal wieder)!*

4. Vergleich und Fazit

Zwischen der Erstausgabe der FACKEL und dem Start der TITANIC liegen 80 Jahre Zeitgeschichte, in denen zahlreiche gravierende politische und gesellschaftliche Umbrüche stattgefunden haben. Die im Gründungsjahr der TITANIC herrschenden gesellschaftlichen und politischen Gegebenheiten hatten wenig mit der Situation zu Beginn des 20. Jahrhunderts gemein. Es erscheint deshalb auf den ersten Blick unangemessen, einen Vergleich zwischen diesen beiden Publikationen ziehen zu wollen – bei näherer Betrachtung lassen sich jedoch durchaus Gemeinsamkeiten entdecken.

Sowohl FACKEL als auch TITANIC beschäftigen sich intensiv mit der Presse, ihrem Sprachgebrauch, ihrem Selbstverständnis und ihrer Rolle in der Gesellschaft. Sie verstehen sich als Kontrollinstanz, deren Aufgabe es ist, Fehler in der ihrer Ansicht nach qualitativ immer schlechter werdenden Berichterstattung aufzuzeigen und kommentierend einzugreifen. Zudem machen sie sichtbar, dass zwischen Arbeitsweise und Moral der Presse und ihrem Selbstanspruch oftmals große Unterschiede bestehen. Beide richten sich zu diesem Zweck direkt an konkrete Printerzeugnisse oder verantwortliche Journalisten und nehmen dabei kein Blatt vor den Mund. Gerade dieser Umstand führte dazu, dass sich die Zeitschriften rasch großer Popularität und steigender Auflagen erfreuen konnten.

Karl Kraus' FACKEL – und stellvertretend für diese seine Aufsätze zur Sprachlehre – konzentriert sich bei ihrer Pressekritik vor allem auf sprachliche Aspekte. Er beschäftigt sich mit grammatischen Problemthemen und sprachlichen Fehltritten von Journalisten und breitet diese genüsslich in der FACKEL aus. Dabei bedient Kraus sich einer sarkastischen, belehrenden und dadurch oft abwertend wirkenden Sprache. Er lässt keinen Zweifel daran, dass er sich als unfehlbares Korrektiv sieht und erweckt zudem den Eindruck, dass ihm die Beschäftigung mit den Verfehlungen der Massenpresse eher unangenehm und lästig ist – dies kann jedoch bezweifelt werden. Ein populärer und wohlhabender Mann wie Kraus war zwar finanziell unabhängig und von daher nicht unbedingt an Auflagen und Verkaufszahlen gebunden. Der pedantische Nörgler Kraus suchte jedoch die Öffentlichkeit, denn ohne Öffentlichkeit kann Satire nicht funktionieren. Die in der über einen Zeitraum von dreißig Jahren erschienenen FACKEL veröffentlichten Kritiken und Beschimpfungen lassen zudem eine gewisse Lust am Verriss erkennen – insofern ist nicht davon auszugehen, dass Kraus die FACKEL als sein Haupt- und Lebenswerk lediglich aus dem selbstlosen und gemeinnützigen Motiv herausbrachte, die Pressesprache zu bereinigen. Man muss ihm jedoch zugute halten, dass er auch während der Vorbereitungen für den Ersten Weltkrieg und bei der Machtübernahme der Nationalsozialisten nicht davon abließ, die Presse für ihre obrigkeitshörige Unterstützung der Militarisierung weiter Gesellschaftsteile scharf zu kritisieren.

Während Kraus' FACKEL vor allem grammatische Kritik an der Pressesprache übt, geht TITANIC auch auf inhaltliche Aspekte ein und legt den Fokus auf die Aufdeckung von Verletzungen der journalistischen Sorgfaltspflicht. Dabei orientiert sie sich noch stärker als die FACKEL an aktuellen Geschehnissen. Während Kraus mehrfach sprachliche Feinheiten analysiert, die ohne die Verarbeitung in der FACKEL vermutlich absolut kein öffentliches Interesse geweckt hätten, scheinen die Redaktionsverantwortlichen der TITANIC sehr genau darauf zu achten, welche Themen im öffentlichen Diskurs aktuell diskutiert werden. Dies ist vermutlich dem Umstand geschuldet, dass es sich bei der TITANIC letztendlich um ein Produkt handelt, das finanziell erfolgreich sein will. Die Redaktion vollzieht eine permanente Gradwanderung zwischen den wirtschaftlichen Interessen des Verlags und dem eigenen Anspruch, rücksichtslose Satire zu betreiben. Das Auslösen öffentlicher Empörung führt zwar kurzfristig zu einer Erhöhung der Leserzahlen, es besteht jedoch die Gefahr, sich durch die Einnahme extremer Positionen ins Abseits zu befördern. Zwar übt das Magazin permanent Kritik an System und Gesellschaft, ein unbedingter Wille zur Veränderung ist jedoch nicht immer erkennbar. Dies betrifft auch die Pressekritik. Während Karl Kraus lediglich Verachtung für die Presse und ihre Vertreter empfand, scheint sich die TITANIC vielmehr an den sprachlichen und inhaltlichen Missgriffen der Journalisten zu ergötzen und dankbar für jede Vorlage zu sein.

Trotz aller Gemeinsamkeiten wird also deutlich, dass sich FACKEL und TITANIC in der Motivation und der Darstellungsweise ihrer Pressekritik teilweise stark unterscheiden. Der Gegenstand der Kritik, nämlich die oftmals oberflächliche und einseitige Berichterstattung und der gefühlte Verfall der Pressesprache, ist jedoch zu einem Großteil identisch. Dies ist allerdings nicht unbedingt ein Indiz für die Wirkungslosigkeit satirischer Pressekritik – wie die deutsche Presselandschaft ohne diese selbsternannten Qualitätswächter aussehen würde, ist schließlich nicht zu beantworten. In jedem Fall bringen sie oftmals wertvolle Impulse in den öffentlichen Diskurs über die Qualität medialer Berichterstattung und erfüllen somit eine wichtige Funktion für die Aufrechterhaltung und Pflege einer demokratischen Massenpresse.

5.   Anhang

Glückwunsch auch, „B.Z. ",

zu Deiner grandiosen Schlagzeile vom 29.1.d.J. („Vorteil: Unsterblich – Nachteil: Qualle"), kraft derer Du enttäuscht enthülltest, italienische Meeresbiologen hätten zwar ewiges Leben entdeckt, jedoch dummerweise nur bei der fünf Millimeter großen Meduse Turritopsos Nutricula. Daß, freilich, nun vor allem die unbedeutenden und schmierigen Erscheinungen dieser Welt zur Unsterblichkeit tendieren, hätte aber doch Dich als Deutschlands älteste Boulevardzeitung nicht überraschen dürfen, oder?

Wie immer im Vorteil: Titanic

(aus: Titanic Ausgabe März 2009, S. 9)

Geschätzter „Stern ", (mal wieder)!

Erst einen wie üblich hochinvestigativen, ausdrucksstark bebilderten Beitrag über Puffs in Deutschland zu drucken und grad anschließend einen Text über die Tücken des neuen Unterhaltsrechts folgen zu lassen, was ist das: Zufall? Oder sprechen da Redakteure aus Erfahrung?

Will's lieber nicht wissen: Titanic

(aus: Titanic Ausgabe April 2009, S. 9)

Und noch mal, „Bild"!

„Freiwilliger Dienst: Lohnt sich ein Ehrenamt für die Karriere?" frugst du Dich und uns: „Eine ehrenamtliche Tätigkeit zeigt, daß Sie nicht nur an sich selbst oder ans Geld denken. Welches Ehrenamt ist für die Karriere gut, welches eher nicht" – und da möchten wir, *Bild*, doch hoffen, daß sich ähnlich selbstlos protestantische Berichte anschließen, etwa zu Themen wie „Spenden aus Barmherzigkeit: Welche sind steuerlich abzugsfähig?" oder „Helfen Sie einem Pflegekind: Welche niederen Hausarbeiten erlaubt sind".

Deine Karriereberater auf der   Titanic

(aus: Titanic Ausgabe Mai 2009, S. 11)

„Bild", alte Aufklärerin!

Unter der Überschrift „So wurden aus deutschen Jungs Islam-Terroristen" begabst Du Dich auf eine „Spurensuche" in die Vergangenheit der unter der Bezeichnung

„Sauerland-Gruppe" des versuchten terroristischen Anschlags Verdächtiger; mit u.a. diesen Ergebnissen: „Fritz Gelowicz (29, Mutter Ärztin, Vater Unternehmer) wuchs beim Vater auf. Er machte Sport, trank Alkohol, studierte Wirtschaftsingenieurwesen. Dann der Bruch: Er wird Muslim, trinkt keinen Alkohol mehr, raucht nicht mehr, besucht die Moschee. 2006 soll er ein Terrorlager in Pakistan besucht haben ... Daniel Schneider (23, getaufter Katholik, Vater Bankangestellter). Einserschüler, Sportler. Ein Jahr vor dem Abi schmeißt er die Schule, konvertiert."

Wenn wir dich, *Bild*, richtig verstehen, dürfte die Konversion vom guten deutschen Jungen zum Islam-Terroristen irgendwas mit Sport zu tun haben. Vereinssport vermutlich. Na ja, das ist nicht eigentlich das, was man nach der Schlagzeile erwartet hätte, aber immerhin lieferst Du in wenigen Zeilen genauso viele plausible Erklärungen wie *Spiegel*, *Zeit*, *FAZ* und *Stern* auf hundert Seiten zusammen; und seist deshalb diesmal nicht gescholten.

Oder höchstens ein bißchen! Titanic

(aus: Titanic Ausgabe Juni 2009, S. 11)

***„Bild am Sonntag"*!**

„Was hat Kaufhof richtig und was hat Karstadt falsch gemacht?" Da weiß man gleich, Deine Wirtschaftsredaktion hat die Geschäftsmodelle und Strategien beider Konzerne einer ausführlichen Analyse unterzogen: „Kaufhof steigerte seine Gewinne von Jahr zu Jahr, Karstadt machte immer größere Verluste" – und daran wird Karstadt dann wohl gescheitert sein; eine fürwahr nicht völlig von der Hand zu weisende Hypothese. Insofern hat auch Deine Wirtschaftsredaktion alles richtig gemacht!

Mit gesteigerter Begeisterung: Titanic

(aus: Titanic Ausgabe Juli 2009, S. 8)

***Gerald Kleffmann (sueddeutsche.de)*!**

Daß Torhüter unhaltbare Bälle halten, Stürmer hundertprozentige Chancen vergeigen und insgesamt mehr über die Außenbahnen kommen muss, daran haben wir uns ja bei Sportjournalisten längst gewöhnt; aber daß die Mannschaft von Manchester City im Testspiel gegen 1860 München „ohne 15 Stammkräfte" angetreten sein soll, das kaufen wir Ihnen dann doch nicht ab.

Ihre Stammelf von der Titanic

(aus: Titanic Ausgabe August 2009, S. 10)

6. Quellenverzeichnis

Literatur

Bertsch, Johanna (2000): Wider die Journaille. Aspekte der Verbindung von Sprach- und Pressekritik in der deutschsprachigen Literatur seit Mitte des 19. Jahrhunderts. Frankfurt am Main: Europäischer Verlag der Wissenschaften.

Böhm, Hermann; Lunzer, Heinz (2006): Karl Kraus: Ein Leben. In: Lunzer, Heinz; Lunzer-Talos, Victoria; Patka, Marcus G. (Hrsg.): Was wir umbringen. Die Fackel von Karl Kraus. Wien: Mandelbaum Verlag, S. 32-59.

Heupel, Julia (2007): Der Leserbrief in der deutschen Presse. München: Verlag Reinhard Fischer.

Kraus, Karl (1937/1962): Die Sprache. München: Kösel-Verlag KG.

Lensing, Leo A.; Lunzer, Heinz; Scheichl, Sigurd Paul (2006): Die Fackel, ein Anti-Medium. In: Lunzer, Heinz; Lunzer-Talos, Victoria; Patka, Marcus G. (Hrsg.): Was wir umbringen. Die Fackel von Karl Kraus. Wien: Mandelbaum Verlag, S. 106-125.

Scheichl, Sigurd Paul (2006): Objekte von Polemik und Satire. In: Lunzer, Heinz; Lunzer-Talos, Victoria; Patka, Marcus G. (Hrsg.): Was wir umbringen. Die Fackel von Karl Kraus. Wien: Mandelbaum Verlag, S. 140-151.

Quack, Josef (1976): Bemerkungen zum Sprachverständnis von Karl Kraus. Bonn: Bouvier Verlag.

Weigel, Hans (1968): Karl Kraus oder Die Macht der Ohnmacht. Wien/Frankfurt/Zürich: Verlag Fritz Molden.

Zohn, Harry (1990): Karl Kraus. Frankfurt am Main: Verlag Anton Hain.

Internetquellen

Czuga, Lucien: Satire auf dem richtigen Dampfer.
http://www.forum.lu/pdf/artikel/4161_189_Czuga.pdf
[Letzter Zugriff: 27.08.2009, 17:33]

DasErste.de: 30 Jahre ‚Titanic'.
http://www.daserste.de/ttt/beitrag_dyn~uid,61uo6jzi3psa74lw~cm.asp
[Letzter Zugriff: 27.08.2009, 17:37]

Mediadaten-online.com: Titanic.
https://www.mediadaten-online.com/mediadaten/popup/datenblatt/zeitschrift/auflagen.do;jsessionid=38A093505 3A2D96EF878992B0C479F5B?method=auflagen&buchbareBelegungseinheitId=2223 80&tenantId=00021
[Letzter Zugriff: 27.08.2009, 17:34]

Stern.de: Die Witz-Zentrale.
http://www.stern.de/kultur/buecher/titanic-die-witz-zentrale-594620.html
[Letzter Zugriff: 27.08.2009, 17:31]

Titanic-magazin.de: Impressum.
http://www.titanic-magazin.de/impressum.html
[Letzter Zugriff: 27.08.2009, 17:35]

Zehrer, Klaus Zäsar: Dialektik der Satire. Zur Komik von Robert Gernhardt und der „Neuen Frankfurter Schule".
http://elib.suub.uni-bremen.de/diss/docs/E-Diss259_zehrer.pdf
[Letzter Zugriff: 27.08.2009, 17:18]